OMA

ICH HABE EIN
BUCH FÜR DICH
GESCHRIEBEN

OMA

ICH HABE EIN BUCH FÜR DICH GESCHRIEBEN

riva

Liebe

dieses Buch habe ich ganz allein
für dich geschrieben.

Ich hoffe, es gefällt dir!

Deine/Dein _____

Das bin ich, die Autorin/
der Autor:

_____

So nennst du mich:

Und so nenne ich dich:

So alt bin ich gerade:

Und so groß:

_____

Hier wohne ich:

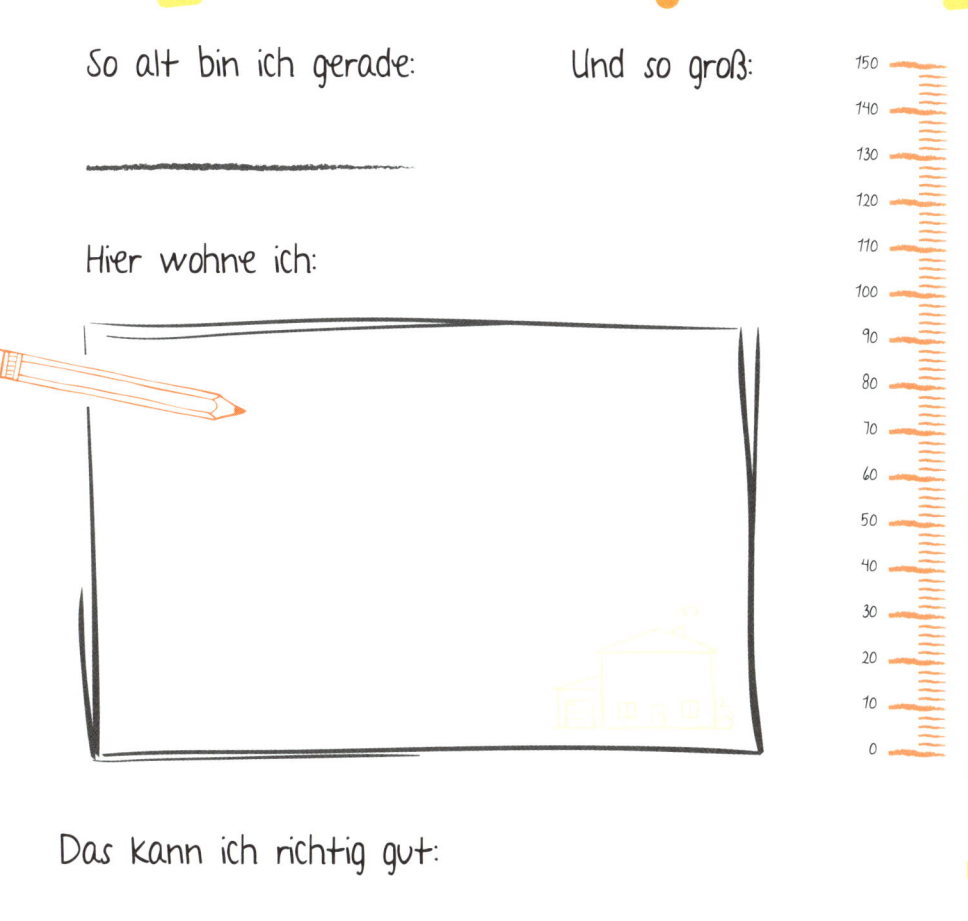

Das kann ich richtig gut:

_____

Mein Handabdruck:

Mein Fußabdruck:

Das ist unsere Familie:

Hier habe ich dich gemalt:

Das schmeckt mir bei dir am besten:

Ich höre dir so gern zu, wenn du davon erzählst:

_____

_____

_____

_____

_____

Ich muss immer lachen, wenn du das machst:

_____

_____

_____

Und wenn du das sagst:

Was du besser kannst als Mama und Papa:

_____

_____

Was bei dir schöner ist als zu Hause bei Mama und Papa:

_____

_____

Ich finde, damit sollten wir Mama und Papa mal überraschen:

So fühle ich mich, wenn du da bist:

So fühle ich mich, wenn du nicht da bist:

Das ist unser Geheimnis:

_____

_____

_____

_____

Diese Geheimsprache habe ich mir für uns ausgedacht:

Mir macht es Spaß, dir dabei zu helfen: ♡

_____

_____

Von dir habe ich gelernt, wie man ...

_____

_____

Wenn ich reich wäre, ...

_____

_____

_____

Wenn ich groß bin, ...

☐ will ich so sein wie du.

☐ wirst du immer noch die Größte für mich sein.

☐ kaufe ich mir ganz viel Schokolade und dir

_____

_____

Unser Lieblingslied:

_____

_____

_____

_____

Du bist so stark wie ein ...

Mir gefällt es, wenn du das anziehst:

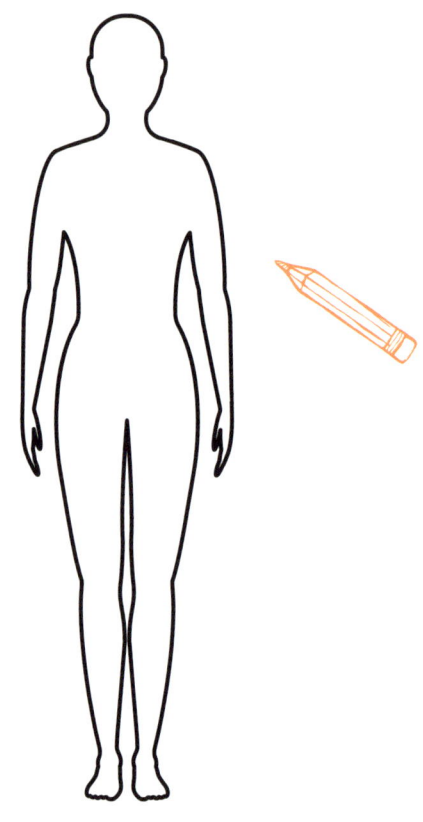

Oma, du bist meine:

- ☐ Kuschelfee
- ☐ Superheldin
- ☐ treueste Spielkameradin
- ☐ stärkste Beschützerin
- ☐ liebste Trösterin

So gut kannst du ...

mich zum Lachen bringen:

Kochen:

Geschichten erzählen:

malen:

singen:

mal ein Auge zudrücken:

Dinge erklären:

Ich denke, Oma-sein ...

☐ ist manchmal ganz schön anstrengend.

☐ macht ganz viel Spaß.

☐ kann nicht jeder so gut wie du.

☐ _____

Hier male ich, was ich mir von dir wünsche:

Wenn ich einen Tag lang du wäre, würde ich das machen:

_____

_____

Ich wünschte, du könntest das für mich erledigen:

_____

_____

Was mir am besten gefällt,
wenn ich bei dir übernachte:

☐ dass ich so lange aufbleiben darf, wie ich möchte

☐ dass du mir stundenlang Geschichten erzählst, bis
ich einschlafe

☐ dass es zum Abendessen immer _____
gibt

☐ _____

Mein Lieblingsplatz bei dir zu Hause:

Wo ich am liebsten mit dir hingehe:

☐ auf den Spielplatz

☐ zum Schwimmen

☐ zu Oma und Opa

☐ auf den Fußballplatz

☐ ins Kino

☐ auf den Jahrmarkt

☐ in den Zoo

☐ zum Eis essen

☐ zum Pizza essen

Ich wünschte, dafür hätten wir mehr Zeit:

_____

_____

_____

So sieht der Kuchen aus, den ich
gern für dich backen würde:

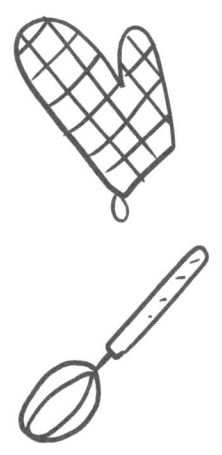

Das magst du:

_____

Das magst du nicht:

_____

Das mag ich:

_____

Das mag ich nicht:

_____

Das mögen wir beide:

_____

Das mögen wir beide nicht:

_____

Was ich dir alles wünsche:

- ☐ dass du immer gesund bleibst
- ☐ viel Geld
- ☐ 1000 Küsse
- ☐ Schokolade
- ☐ ganz viel Zeit mit mir
- ☐ dass du immer glücklich bist
- ☐ diese Superkraft: _____

_____

Das ist ein schönes Foto von uns:

du bist die Beste!